KLARTEXT

Zum Buch

Für Lilo Rauner war der Alltagstrott ein »Ernstfall«, der Konsumrausch eine legale Droge – aber sie wusste auch zu gut, warum Gärten nirgendwo sonst so geliebt werden wie im Ruhrgebiet. Über all das schrieb sie ungeschminkte, einfühlsame Gedichte. Sie kamen für avantgardistische Ansprüche zu einfach daher, dafür hatten sie den Vorzug, dass man sie lesen und verstehen konnte. Lilo Rauner klopfte gern die Wörter auf ihre Bedeutung ab, und oft stieß sie auf eine doppelte. Die Musik, die sich daraus ergab, macht den Sound ihrer Gedichte aus. Die Gedichte dieses Bandes zeugen von der Sehnsucht nach dem Anderen, von einem Ohr für Zwischentöne wie vom beherzten Mut zum Gefühl.

Liselotte Rauner

Ein Stück Himmel

Gedichte und Epigramme

Herausgegeben von Volker W. Degener

Bibliografische Information der Deutschen Nationalbibliothek Die Deutsche Nationalbibliothek verzeichnet diese Publikation in der Deutschen Nationalbibliografie; detaillierte bibliografische Daten sind im Internet über http://dnb.dnb.de abrufbar.

Die ausgewählten Gedichte von Liselotte Rauner stammen aus folgenden Büchern:
»Der Wechsel ist fällig«, Georg Bitter-Verlag, Recklinghausen 1970
»Wenn der Volksmund mündig wird«, Peter Hammer-Verlag, Wuppertal 1973
»Schleifspuren«, Asso-Verlag, Oberhausen 1980
»Zeitgedichte«, Kürbiskern Damnitz-Verlag, München 1980
»Kein Grund zur Sorge«, Asso-Verlag, Oberhausen 1985
»Alles in Bewegung«, Asso-Verlag, Oberhausen 1990

Impressum

1. Auflage Oktober 2020
© Liselotte und Walter Rauner Stiftung, Bochum
Umschlaggestaltung: Joachim Bartels/Tobias Hollender
Satz und Gestaltung: Achim Nöllenheidt
Umschlagbild: Horst Lang/Fotoarchiv Ruhr Museum
Druck und Bindung: Multiprint GmbH, Kostinbrod 2230, Slavianska Str. 10 A, Bulgarien
ISBN 978-3-8375-2348-5

Alle Rechte der Verbreitung, einschließlich der Bearbeitung für Film, Funk, Fernsehen, CD-ROM, der Übersetzung, Fotokopie und des auszugsweisen Nachdrucks und Gebrauchs im In- und Ausland sind geschützt.

KLARTEXT Jakob Funke Medien Beteiligungs GmbH & Co. KG
Jakob-Funke-Platz 1, 45127 Essen
info@klartext-verlag.de, www.klartext-verlag.de

Inhalt

Zwischen Ruhr und Emscher 7
Gedichte

Hier, Stresemannstraße 48 93
Epigramme und Aphorismen

Nachwort 106
Die Autorin 109
Der Herausgeber 110

Zwischen Ruhr und Emscher

Gedichte

Mea culpa

Ich bekenne mich schuldig
der Erregung öffentlichen Ärgernisses
durch freie Meinungsäußerung

ich bekenne mich schuldig
der Konspiration mit meinem Gewissen

ich bekenne mich schuldig
des Verstoßes gegen die öffentliche Unordnung

ich bekenne mich schuldig
der Begünstigung des Fortschritts

ich bekenne mich schuldig
der Verführung Abhängiger zum Denken

ich bekenne mich schuldig
des Attentats auf die Gleichgültigkeit

ich bekenne mich schuldig
der Beihilfe zum Mord geheiligter Tabus

ich bekenne mich schuldig
des Aufruhrs gegen die Ungerechtigkeit

ich bekenne mich schuldig
der Anstiftung zum Frieden

ich bekenne mich schuldig
des Fluchtversuchs aus dem Mittelalter

Man hat die Frage mir gestellt

Man hat die Frage mir gestellt, ob ich
nicht dieses Land – trotz allem – lieben könnte
Mir fehlen immer noch die Argumente
dafür – ich frage: liebt mein Land auch mich?

In diesem Land war immer unbeliebt
wer die verschwiegne Schuld die Untatorte
beim Namen nannte wer die großen Worte
entzauberte die stets den Blick getrübt

Von Liebe die nicht blind nicht käuflich ist
soll hier die Rede sein – die Wahrheit wagen
war alle Zeit schwer wie ein Kreuz zu tragen

daran die Kraft des Widerstands sich mißt
Mit dieser Kraft lieb ich mein Land trotz allen
die ihm noch immer in den Rücken fallen

Sonett

In meiner Stadt hat alles Kleinformat
Parks Plätze kulturelle Angebote
der Drogenmarkt sogar die Selbstmordquote
ist hier gering wie jede Missetat

Ich habe mich gewöhnt an diese Stadt
die Nachbarn rechts und links die allgemeine
Begeisterung für Fußballsportvereine
und Gartenzwerge ... Die Gewohnheit hat

sich eingenistet wie die Sperlingsbrut
vor meinem Fenster unterm Dach der Buchen
wo Katz und Marder ihre Beute suchen

Mir aber fehlt der Überlebensmut
wenn auf den Dächern die Alarmsirenen
die leise Hoffnung schrecklich übertönen

Ein Stückchen Himmel

Siebzig Meter
über dem Meeresspiegel
und sieben Stufen
unter der Erdoberfläche
steht mein Schreibtisch
mitten im Krisenballungsraum
umgeben von Kostbarkeiten:
Die Birke vorm Fenster
die Rose im Kelch
Quellwasser im Glas
An den Wänden
hängen Erinnerungen
an denen ich hänge
Im Bücherregal habe ich
ein paar Freunde in Sichtweite
ein Dutzend Geliebte
in greifbarer Nähe
und reihenweise Bekannte
mit breitem Rücken
und Eselsohren
und hinter Glas
ein Stückchen Himmel
voller Möglichkeiten

Sonett

Mein Urlaubsland liegt zwischen Rhein und Ruhr
Pension gut bürgerlich mit Bauerngarten
und Fernsehraum – mehr kann man nicht erwarten –
und rechts gleich vor der Tür liegt die Natur

Gebrauchsanweisung steht am schwarzen Brett:
weltabgeschieden führen alle Wege
zum Waldcafé oder ins Wildgehege ...
Und abends geht man mit Bert Brecht zu Bett

liest viel zu lange möchte liegenbleiben
am Morgen doch man frühstückt hier bis neun
Es regnet ... Zeit zum Ansichtskarten schreiben

Schon fängt man an sich auf zuhaus zu freun
denkt an die Freunde die man grüßt und küßt
und schreibt daß es hier paradiesisch ist

Sonnenblumen

Beethovens Wut
über den verlorenen Groschen
klingelt noch heute lieblich
in den Kassen

Auch der Verzweiflung
über die verlorene Liebe
der Dichter gedenken
die Verleger in Dankbarkeit

Von Vincents Sonnenblumen
ganz zu schweigen unmöglich
wäre dem Verlorenen gewesen
sich soviel Ehre auszumalen

Sonett

Schneeglöckchen blühn – die Frühjahrsmüdigkeit
verscheucht den Winterschlaf es schneit Prospekte
südliche Sonne lockt auf neuentdeckte
Gipfel des Glücks da ist kein Ziel zu weit

Die Phantasie breitet die Flügel aus
blau-weiße Küsten Berge von Melonen
Früchte des Meeres – sag wo willst du wohnen
im Grand Hotel oder im Fischerhaus?

Flug oder Kreuzfahrt sag was ist dir lieber
erst im September oder schon im Mai?
Nichts wütet schrecklicher als Reisefieber

Die Krise kommt und endlich sieht man klar:
es reicht ja wieder nicht in diesem Jahr ...
Herbstastern blühn – und ich bin fieberfrei

Hearing

Das Horoskop verspricht
gute Aussichten
Das Barometer verheißt
Aufklärung
Der Straßenbericht garantiert
im Westen nichts Neues
Die Wettervorhersage prophezeit
Niederschläge nur noch
in einzelnen Störungsgebieten
Die Wahrsager
decken die Karten auf
und finden alle Buben im Spiel

Ein Ernstfall

Unser Mut
heißt Mut zur Mode
unsere Kraft
heißt Kaufkraft
unsere Bildung
heißt Vermögensbildung
unser Bewußtsein
heißt Verbraucherbewußtsein
unsere Moral
heißt Arbeitsmoral
unser Bedürfnis
heißt Ruhebedürfnis
unser Verständnis
heißt Einverständnis
unser Wille
heißt nicht Wille zur Veränderung?
unser Fall
ist ein Ernstfall

Sieben Häute hat die Zwiebel

Sieben Häute hat die Zwiebel
das erfährt man ja als Kind
schon aus der Botanikfibel
daß es sieben Häute sind

Aber auch betagte Leute
glauben immer noch daran
Zwiebeln haben sieben Häute
was man ja bezweifeln kann

Wollte man vom Sagenhören
sagen daß es neun anstatt
sieben sind – wer könnte schwören
daß sie sieben Häute hat

Unbewiesen ist geblieben
ob es fünf sechs oder acht
Zwiebelhäute sind statt sieben
wenn man nicht die Probe macht

Aufs Exempel um zu wissen
ob was falsch ist oder stimmt
sonst wird man dran glauben müssen
was man für die Wahrheit nimmt

Also mußt du Zwiebeln schälen
wenn das auch zum Weinen ist
um gewissenhaft zu zählen
bis du dessen sicher bist

Sieben Häute hat die Zwiebel
und nicht mehr – und keine fehlt
erstens steht das in der Fibel
zweitens hast du nachgezählt.

1945

Als ich zurückkam in die Stadt
war die Verdunklung aufgehoben
Ich sah Bruchstücke der Erinnerung
Klagemauern ...
Die Straße die ich suchte
war noch wiederzuerkennen
Ich erreichte mein Haus
die verlassene Höhle
stieg über den Giebel
der mir zu Füßen lag
und kam in den Garten
Der Zaun war heil geblieben
Im angrenzenden Stadtpark
spielten die Kinder
»Himmel und Hölle«

Angst vor der Angst

Daß es so still ist
nachts vor meinem Haus
kein Stiefelschritt auf Treppen
in den Fluren
kein Schrei –
führt keiner nachts Befehle aus
sucht man noch nicht
Beweise oder Spuren –
daß es noch still ist
daß an Nachbars Tür
nicht Fäuste trommeln
oder Holz zersplittert –
was spricht dagegen
und wer bürgt dafür
daß man nicht morgen wieder
um sein Leben zittert

Bewältigung

Es ist nicht zu widerlegen
daß die Massenmörder
ein reines Gewissen haben

Es ist nicht nachzuweisen
daß sie von den Gaskammern wußten
in die sie ihre Opfer
transportieren ließen

Es ist nicht zu übersehen
daß sie als respektable Bürger
geachtet werden

Es ist nicht zu glauben
daß wir noch immer
so optimistisch aussehen

Jahresrückblick

Immer stand etwas vor der Tür
im Frühjahr das Aufblühen
im Sommer das Wachstum
im Herbst die Urlaubsreise
im Dezember Friede auf Erden
und den Menschen ein Wohlgefallen
und während des ganzen Jahres:
der Russe!
Aber nichts ist eingetreten

Die Waffen sind verschrottet

Die Waffen sind verschrottet
Kasernen stehen leer
der Krieg ist ausgerottet
und Feinde gibts nicht mehr
und Feinde gibts nicht mehr

Ein Unterschied der Rassen
ist nirgendwo bekannt
die Führer sind entlassen
die Schuldigen erkannt

Die Ängste sind vergessen
die Lügen sterben aus
wer hungrig ist kann essen
und jeder hat sein Haus

Soviel ist nicht zu hoffen
heute und morgen nicht
aber der Weg ist offen
er heißt Gewaltverzicht

Wir werden ihn beschreiten
den Weg zur Friedenszeit
und heute vorbereiten
was morgen uns befreit
was morgen uns befreit

Waffenverbot

Waffen haben ist verboten,
weil der Zivilist
für die zukünftigen Toten
nicht zuständig ist.

Waffen haben ist verboten,
Waffenhandel – nein!
Gegen Schwarze und die Roten
müssen Waffen sein.

Waffen haben ist verboten,
Waffen schaffen nicht,
darauf leisten nur die Toten
endlichen Verzicht.

Monolog eines alten Affen

Da stehen sie wieder und gaffen.
Homo sapiens! Und doch
drei Schritte nur entfernt vom Affen,
trotz Marx, Brecht, Tucholsky und Bloch.

Sie philosophieren und dichten!
Sie lehren und haben gelernt
einander zugrunde zu richten,
von Menschlichkeit noch weit entfernt.

Natürlich sind auch Affen keine Engel:
der Schwache unterliegt, der Starke siegt.
Das sind dieselben Zwänge oder Mängel,
denen die halbe Menschheit unterliegt.

Sie sind Rivalen, Feinde, Konkurrenten.
Man glaubt es nicht wozu sie fähig sind.
Wo bleibt bei dem Intelligenzquotienten
das Positive, Menschenskind!

Sie könnten so vieles vermeiden:
die Ängste, die Gitter und Mauern.
Die Menschen sind nicht zu beneiden.
Die Menschen sind nicht zu bedauern.

Sie haben die schrecklichsten Waffen.
Kein Tier ist so grausam wie sie.
Woher wir das wissen? Wir Affen
studieren Anthropologie.

... lassen die Toten kalt

Nach den Schrecksekunden
atmen wir wieder auf

Keine Schweigeminute
ändert den Tageslauf

Unsere freien Stunden
befreien uns nicht von Gewalt

Unsere Volkstrauertage
lassen die Toten kalt

Und eine Woche der Brüderlichkeit
einmal im Jahr ...
wer nimmt sich soviel Zeit

Verlustanzeige

Ich habe meinen Schweinehund verloren
das darf nicht sein er ist ein Stück von mir
wir waren aufeinander eingeschworen
so treu wie Gold so kostbar war das Tier

Ich suchte ihn im Bett im Vorstandszimmer
im Club im Beichtstuhl bei der Polizei
die findet kleine Schweinehunde immer
mein großer war natürlich nicht dabei

Da hilft mir ja auch keine Suchanzeige
mein Schweinehund ist eine heilige Kuh
am besten wenn ich den Verlust verschweige
sonst traut mir keiner mehr Erfolge zu

Schon sind mir die Kredite eingefroren
und ohne ihn ist der Profit begrenzt
ach hätt ich lieber den Verstand verloren
ich bin nur noch mein eigenes Gespenst

Den Freunden kann ich nicht mehr imponieren
seitdem mein Schweinehund nicht Pfötchen gibt
auch die Partei will mich schon ausrangieren
mein Schweinehund war überall beliebt

Mein Einfluß schwindet – einer nach dem andern
stößt sich auf meine Kosten jetzt gesund
mir bleibt kein Ausweg mehr als auszuwandern
ich bin kein Mensch mehr ohne Schweinehund

Eine Auswahl Gewissen

Es ist so ruhig daß es kaum wen stört
so ängstlich daß es sich nicht rührt
so zaghaft daß man's überhört
so oft verfolgt so oft verführt
daß es manchmal den Mut verliert

Es wird so lästig daß man's gern vergißt
so rücksichtsvoll – es paßt sich an –
so kostbar weil es selten ist
so daß man es verkaufen kann

Ist es so wachsam daß es schlaflos macht
wecke die Träumer und du weckst Verdacht
man wird das ruhestörende Gewissen
gewissenhafter überprüfen müssen

Man tut was man kann

Eigentum bilden
und Bildung enteignen

Grenzen sichern
und Sicherheit begrenzen

Mord verfolgen
und Verfolgte morden

Schweigende zum Reden bringen
und Redende zum Schweigen

Wüsten fruchtbar machen
und Fruchtbarkeit verwüsten

man tut was menschenmöglich ist

Kein Grund zur Klage

Du hast
keinen Grund zur Klage
du hast
deine Verdienste
die keiner bestreitet
deine Ansprüche
die keiner widerlegt
deine Hoffnungen
die dir keiner nimmt
du hast
keinen Grund zur Klage

Qualifikation

Man kann ihm einiges nachsagen
ihm allerhand vorwerfen
vieles anlasten
manches zutrauen
und man kann ihm
dies und jenes absprechen
aber man kann
ihm nicht bestreiten
daß er zu allem fähig ist

Der lange Marsch

Von Tür zu Tür
in den Sackgassen
und Einbahnstraßen
abklopfen alle Vorwände
bis etwas in Bewegung kommt
hinter den Einwänden
bis sie erwachen
aus Tausendundeiner Nacht
im Wundbett ihrer Erfahrung –
sich erheben
und heraustreten
aus ihren Hohlräumen
mit der notwendigen Frage
warum wir stören

Der Rest des Jahres

Kaum hat der Karneval ausgeschunkelt
fallen die fröhlichen Mienen
vom Gesicht, wird das Konfetti
aus den Ohren geschüttelt
der Sand aus den Augen, wird Bacchus
zum Richtplatz getragen und schon
beginnt der Rest des Jahres
mit seinen 362 tollen Tagen

Das Alte – Das Neue

Nein ich habe das alte
nachtblinde Jahr nicht verabschiedet
mit Erleichterung. Das neue
mit seiner Erbschaft im Nacken
über die Schwelle ächzend
nicht freudig begrüßt
nach dem zwölften Schlag
kein Feuerwerk gezündet
um nach altem Brauch
die unheilvollen Geister
zu vertreiben. Der bunte Funkenflug
verschwindet ohne Spur
Die Glückwunschkarten die Girlanden
die Knallfroschhülsen
schluckt die Müllabfuhr
Die Geister die wir riefen bleiben

Kein Trostwort

Kein Trostwort hat das hochbetagte Jahr
auf seinen letzten Stundenkreis begleitet
doch die gestutzten Flügel ausgebreitet
schwingt sich auf eigne Rechnung und Gefahr

die Hoffnung wieder auf von Land zu Land
als Leuchtspur zwischen Heckenschützengräben
schutzloser als das ungeborne Leben
wenn Ungeduld mich auf die Folter spannt

Was war der Mühe wert ... ich weiß es schwindet
nicht spurlos was getan wird und gedacht
Im Prüfstand aller Werte und Gewichte

wird meiner Hoffnung wieder Mut gemacht
Kein Trostwort ... doch sie kehrt zurück und findet
Stützpunkte auf dem Lehrpfad der Geschichte

Die Rettung

Wenn man wüßte
wann an welchem Tag
in welcher Nacht
ein Flugzeug abstürzen wird
das wäre ein Glücksfall
Man könnte vorsorglich
umdisponieren wenn man wüßte
wo auf welcher Route
welchem Flug
der Absturz bevorsteht
Das wäre die Rettung
wenn man wüßte
mit welcher Fluggesellschaft
man sein Ziel erreicht
Man weiß es nicht
Das erleichtert die Entscheidung
seinem Glück zu vertraun

Morgenlieder
für Hugo Ernst Käufer

Da wo der Einfluß und der Überfluß
Kanalsysteme ineinander münden
da ragt auf keiner Landkarte zu finden
das schwarze Bergmassiv des Sisyphus

Hier in den Schluchten wo der Meilenstein
gewälzt wird auf das Vlies gebeugter Rücken
setzt in das Gitterwerk der Eselsbrücken
einer den Spreng-Satz und das Zündwort ein

Einer der lang vor Ortszeit aufgebrochen
mit Morgenliedern die im Gegenwind
aufschwingend stark wie Taubenflügel sind

Kein Wort wird mehr hinter der Hand gesprochen
In allen Sprachen wird man sich verstehn
so leicht wie Blumen nach dem Licht sich drehn

In Dschungeljahren

In Dschungeljahren kreuz und quer
verzweifelt durchgeschlagen
vom Ungewiß ins Ungefähr
die Haut zu Markt getragen

Aus unserer Kraft wuchs Stein und Stahl
zu Straßen Städten Brücken
wild wuchernd wächst das Kapital
und fällt uns in den Rücken

Vergiftet unser täglich Brot
läßt Wald und Flüsse sterben
wir holen atmend uns den Tod
und stürzen ins Verderben

Während Gewalt mit Macht sich mehrt
auf »Biegen oder Brechen«
wer jetzt nicht die Signale hört
ist nicht mehr freizusprechen

Wenn ich bedenke wie das früher war

da hat man die Verbrecher noch gerädert
gestäupt geviertteilt manche auch ertränkt
verstockte Christen gar geteert gefedert
und dann verbrannt wenn man das so bedenkt ...

Dann kam ein andrer Strafvollzug in Mode
die Missetäter wurden aufgehängt
ein Priester sprach vom Leben nach dem Tode
dann sah er zu ... wenn man das so bedenkt ...

Und endlich wurde diese Guillotine
erfunden dann ging alles wie geschmiert
schnell praktisch sauber stanzte die Maschine
den Kopf vom Hals das hat man kaum gespürt.

Von Fall zu Fall zerbrechen sich Erfinder
den Kopf für andere die ihn verspielt
jetzt fragt man sich wie stirbt der Mensch gesünder
so – daß er sich human behandelt fühlt.

Der Delinquent wird an den Stuhl gekettet
und der Vollstrecker setzt den Stromstoß ein
oder die Zyankali-Wolke rettet
den armen Sünder aus der Todespein.

Das ist natürlich auch noch nicht das Rechte
wenn Todesurteil Lebensrecht erschlug
ist dem der sterben muß und leben möchte
der beste Tod noch immer schlimm genug.

Doch weiß man das Maschinen schnell veralten
die Technik steht im Dienst der Menschlichkeit
jetzt ist der Fortschritt nicht mehr aufzuhalten
man stirbt nicht mehr ... man stirbt nicht mehr ...
man stirbt nicht mehr wie in der guten alten Zeit

Die Saat geht auf

Die Saat geht auf in Nachbars Planquadrat
In bunter Feierabendland-Idylle
grünt Lebensqualität in Überfülle
als Kappes Sellerie und Kopfsalat

Hier ist er Mensch hier herrscht von Zaun zu Zaun
sein freier Wille – aus der Daseins Enge
rankt sich die Einsicht der Zusammenhänge
von eigener Regie und Selbstvertraun

Denn abends vor der Schrebergartenlaube
häuft sich die Wachstumsrate auf der Bank
als Selbstentsorgung für den Vorratsschrank

Spatz in der Hand und auf dem Dach die Taube …
Wer zweifelt noch daß auch der kleine Mann
das was er sät auch selber ernten kann

Der grüne Plan

Sie haben den Feldern Ehre beigebracht
das Abendland abgegrast
die deutsche Heilerde umgepflügt
und sorgfältig abgegrenzt
die zugeteilten Parzellen
bis zur großen Flurbereinigung

Der Nährboden ist bereitet
das Klima ist günstig
wenn die Saat aufgeht
werden wir sehen was uns blüht
werden wir wissen was da heranreift
werden wir ernten
was wir gedeihen ließen

Im Nebel

Bei Nebelwetter
geht man durch die Stadt
als wenn man Bretter
vor der Stirne hat
es ist als wenn man sein Gesicht verlor
und das kommt nicht allein im Nebel vor
und das kommt nicht allein im Nebel vor

Im Nebel
ist man plötzlich ganz allein
man streckt die Hand aus
möchte sicher sein
und weiß hier gibt es keine Sicherheit
und das passiert nicht nur zur Nebelzeit
und das passiert nicht nur zur Nebelzeit

Im Nebel hilft dir nicht mal der Verstand
kopfüber geht man
blindlings durch die Wand
man möchte hinter einem Führer gehn
und das ist nur bei Nebel zu verstehn
und das ist nur bei Nebel zu verstehn

Freunde
für Anneliese Althoff und Annemarie Stern

Ich habe Freunde
die nicht wissen
daß sie meine Freunde sind
Wir stehen Seite an Seite
in Anthologien
und Rücken an Rücken
im Bücherregal
aneinander gelehnt
die Lebenden und Toten
aus Ländern
wo schwarz ein Geburtsfehler
weiß eine Schutzfarbe
rot eine Todesursache ist
Hier steht die Klage
im Zeugenstand
in der Notbeleuchtung
ihrer Geschichte
die das nächste Kapitel
schon aufgeschlagen hat
Hier stehen wir
Seite an Seite
um miteinander zu teilen
den Treibstoff für Träume:
unsere unsinkbaren Schiffe
auf allen Kraftströmen der Erde

Arbeitsvermittlung

Gesucht werden
Diagnostiker
zur Früherkennung von Gesinnungsschäden
Psychologen
zur Beseitigung von Anpassungsschwierigkeiten
Heilpraktiker
zur Verhütung von Bewußtseinsveränderungen
Augenärzte
zur Behandlung der Weitsichtigen
Anästhesisten
für allgemeine Dauerschlaftherapie
Fachärzte
mit Erfahrung in Vorbeugekuren und Rückentwicklungen
Pflegepersonal
zur Betreuung von Freiheitssüchtigen
Chirurgen
zur operativen Entfernung von Auswüchsen

Dringend gesucht wird
Nachwuchs für die Wirklichkeitsfremdenlegion

Unternehmergeist

Ich hab ganz von unten angefangen
alles aufgebaut aus eigner Kraft
mußte mir das Letzte abverlangen
zwanzig harte Jahre sind vergangen
c'est la vie – ich habe es geschafft

meine Werke wachsen und florieren
auf dem Weltmarkt weiß man wer ich bin
meine Führungskräfte funktionieren
meine Arbeitsheere produzieren
Tag und Nacht mit steigendem Gewinn

Meine Jacht begegnet auf den Meeren
meinen Schiffen – und zum Hafen ziehn
Riesentanker die mir auch gehören
aufgetankt für den millionenschweren
Umsatz meiner Ölraffinerien

meine Banken mehren und verwalten
mein Vermögen – als stabil erweist
sich der Fortschritt – alles bleibt beim alten
und die Wirtschaft kann sich frei entfalten
sehn sie – das ist Unternehmergeist

Hätten wir Mitbestimmung

Wenn eine Frau dasselbe leistet wie ein Mann
weil sie es will weil sie es muß und weil sie's kann
der gleiche Lohn wird ihr trotzdem nicht garantiert
hätten wir Mitbestimmung wär das nicht passiert

wenn mancher Lehrling seine Prüfung nicht bestand
sein Meister bleibt als Lehrherr immer anerkannt
der nutzt ihn weiter aus weil er ja nichts riskiert
hätten wir Mitbestimmung wär das nicht passiert

und wenn der Angestellte Überstunden macht
an die Vergütung hat die Firma nie gedacht
er schweigt aus Angst daß er den Arbeitsplatz verliert
hätten wir Mitbestimmung wär das nicht passiert

es klagt ja auch der Unternehmer unentwegt
daß die Verantwortung nur er alleine trägt
nehmt sie ihm ab – wenn ihr euch solidarisiert
dann wird bestimmt die Mitbestimmung eingeführt
dann wird die Mitbestimmung endlich eingeführt

Entwicklungshilfe

Ich knackte Automaten
bis mich die Kripo fing
ich wurde gut beraten
jetzt dreh ich jedes Ding

ich sprenge alle Türen
mit meinem neuen Trick
und geh ich abkassieren
bleibt keine Spur zurück

    das habe ich im Knast kapiert
    und zwar im Handumdrehen
    da wurde alles einstudiert
    so leicht so schnell so schön
    und wenn Sie noch was lernen solln
    dann kommen Sie mal her
    hier zeigt man Ihnen was Sie wolln
    und noch ein bißchen mehr
    hier zeigt man Ihnen was Sie wolln
    und noch ein bißchen mehr

Ich mache jede Wette
jetzt knack ich jede Bank
und jede Geldkassette
und jeden Panzerschrank

ich weiß wie ich erfahre
wo man was holen kann
und bin für heiße Ware
genau der richtge Mann

das habe ich im Knast kapiert
und zwar im Handumdrehn
da wurde alles einstudiert
so leicht so schnell so schön
und wenn Sie noch was lernen solln
dann kommen Sie mal her
hier zeigt man Ihnen was Sie wolln
und noch ein bißchen mehr
hier zeigt man Ihnen was Sie wolln
und noch ein bißchen mehr

Im Namen des Volkes

Wer die Wahrheit unterschlägt
ist kein Betrüger

wer mit Entlassung droht
ist kein Erpresser

wer sich den Mehrwert aneignet
ist kein Dieb

wer Frauenarbeit unterbezahlt
ist kein Lohnräuber

wer Luft und Wasser verseucht
ist kein Giftmörder

wer Steuer-Millionen hinterzieht
ist kein Kapitalverbrecher

im Namen des Volkes
wer mit den Angeklagten
weder verwandt noch verschwägert ist
darf die Aussage nicht verweigern

Aufsatz über den Frühling im Revier

Ich muß für morgen einen Aufsatz schreiben
wenn ich nichts weiß gibts wieder eine vier
der Lehrer sagt dann werd ich sitzenbleiben
mir fällt nichts ein zum Frühling im Revier

es gibt in unserm Viertel wo wir wohnen
nicht eine Blume – überhaupt kein Grün
ich weiß nicht wo die bunten Anemonen
und wann die ersten Löwenzähne blühn

ich sah noch nie ein Vogelpärchen nisten
hier wächst kein Baum auf den man klettern kann
frag ich den Vater sagt er ja wir müßten
mal wieder raus ins Grüne – aber wann

er macht ja immer so viel Überstunden
da hat er für den Frühling keine Zeit
am Wochenende tapeziert er Kunden
die Wohnung bunt das nennt man Schwarzarbeit

von Mutter kann ich auch nicht viel erfahren
vom Frühling – doch sie sagt dann schreib mal hin
er hilft die Licht- und Heizungskosten sparen
mehr ist nicht drin

Der bittre Rest

Wir essen hastig in der Pause bleibt
sonst kaum noch Zeit für eine Zigarette
für ein Gespräch oder die Lottowette
die Illusion die wilde Blüten treibt

Man zieht geschwollne Füße aus den Schuhn
versucht der Schläfrigkeit sich zu erwehren
der Halbzeitpfiff ist nicht zu überhören
wenn man beginnt ein wenig auszuruhn

Der gleiche Griff derselbe Arbeitsgang
dem Taktschlag der Maschine eingepaßt
Die Muskeln schmerzen – schwer wie fremde Last

spürt man den Körper denn der Tag war lang
Der bittre Rest: verschmerzen und verdrängen
wie hoch die Früchte unsrer Arbeit hängen

Lieferanten oder die
geheimen Verführer

Wir hatten früher für die Lieferanten
den Eingang separat im Hinterhaus
jetzt leben sie mit uns wie bei Verwandten
und liefern uns an ihre Ware aus

Sie bieten Jugend Schönheit langes Leben
alles was man nicht mehr und noch nicht hat
daß man nichts braucht das darf es gar nicht geben
Bedarfsentwicklungshilfe findet statt

Sie unterwandern scharenweis wie Ratten
die Schwelle ferngelenkter Phantasie
wir lassen unsern Lebensstil beschatten
wie Kriminelle ohne Alibi

Sie liefern Wünsche Träume Unbehagen
wir wüßten ohne sie nicht was uns fehlt
sie locken übertreiben unterschlagen
wir wählen nicht sie haben uns erwählt

Als Käufer Kunden Sparer und Verschwender
frohe Genießer im Familienkreis
als Reisende in aller Herren Länder
sie machen alle Schattenseiten weiß

Sie zählen testen und manipulieren
sie schenken unserm Leben ihren Sinn
wir lassen uns versuchen und verführen
wir kaufen teuer was wir billig produzieren
sie liefern uns Komplexe und wir liefern den Gewinn
sie liefern uns Komplexe und wir liefern den Gewinn

Verlustgeschäft

Die Wirtschaft ist unrentabel geworden
klagte der Gastwirt
Die Personalkosten wären zu hoch
und die Einkünfte deckten
nicht einmal die Unkosten
Um konkurrenzfähig zu bleiben
müsse er alle Speisen und Getränke weit
unterm Selbstkostenpreis anbieten
Und das kann da Wirtschaft verkraften?
Nun ja sagte der Wirt
die Masse bringts

Radikale kleine Minderheit

Ein Geldschein ist
nichts als ein Stück Papier
denn was ihm erst
Realität verschafft
sind wir
die produzieren –
unsre Arbeitskraft:
das Wasserzeichen
das im Gegenlicht
erst Wert und Garantie verleiht –
mit unserm Pfund
wuchert die Oberschicht
die radikale kleine Minderheit

Ich bin entlassen

Ich bin entlassen das heißt freigestellt
So wissen wir doch was sie Freiheit nennen
An ihrer Sprache sind sie zu erkennen:
soziale Sicherheit heißt Stempelgeld

und Rationalisieren heißt soviel
wie Menschen durch die Technik zu ersetzen
die ja der Mensch an andren Arbeitsplätzen
entwickelt hat – Gewinn steht im Kalkül

vor allen Fragen die die Welt bedrängen
Wenn uns die Kraft versagt der Mut verläßt
da wir dem nächsten Tag nicht trauen dürfen

an welcher Hoffnung hielten wir uns fest
wenn wir nicht von gerechteren Entwürfen
des Daseins wüßten und von Übergängen

Wer nie sein Brot mit Tränen aß

Wer nie sein Brot mit Tränen aß
wer nie schlaflose Nächte
durchgrübelnd dem Nichts gegenübersaß
der kennt euch nicht ihr irdischen Mächte

Kennt nicht des Elends Übermaß
auch nicht den Trost aller Nöte
wenn er nie eine Zeile las
vom Herrn Geheimrat Goethe

Der nie sein Brot mit Tränen aß
weiß dennoch was den Unerlösten
der alle Hoffnung längst vergaß
nicht ermutigen kann doch vertrösten

Partnerschaft

Es gibt keine Arbeiter mehr
wir sind Mitarbeiter
es gibt keine Arbeitgeber mehr
wir sind Partner
Handelspartner
sie kaufen unsere Arbeitskraft
wir verkaufen unsere Interessen
sie bieten uns Gnadenbrot
wir handeln uns Trinkgelder ein
und erwerben Frühinvalidität
es gibt keinen Klassenkampf mehr
wir sind engagiert
im Kassenkampf

Kurzer Prozeß

Die Anwälte
der Chemischen Werke XY
konnten überzeugend
darlegen daß angebliche
Gesundheitsschädigungen
der Bevölkerung
mit absoluter Sicherheit
aus der Luft gegriffen sind
Eine bedauerliche Tatsache
aber sei daß durch
verantwortungslose
Berichterstattung
die Atmosphäre gegenseitigen
Vertrauens vergiftet wird

In unserer Obhut

Ich habe einen Schmetterling gesehen
noch nicht vergiftet
noch nicht aufgespießt
beinahe hätte ich gesagt:
so quicklebendig
wie ein Fisch im Wasser
so arglos
wie ein Kind in unserer Obhut

Die sechste Nacht

Gottvater sah es war nicht gutgegangen
Und weil der Mensch nicht zu bewegen war
endlich ein bessres Leben anzufangen
wollte der Herr ein neues Menschenpaar

erschaffen das die Schöpfung retten sollte
Und Er betrat in menschlicher Gestalt
ein weites Feld beugte sich nieder wollte
sein Werk beginnen da rief jemand: Halt!

Bleiben Sie stehen! Und ein andrer schrie:
Sind Sie des Teufels rührn Sie hier nichts an!
Können Sie denn nicht lesen ... Mann
das hier ist eine Giftmülldeponie

Es war nicht leicht was Er sich vorgenommen
Wo Er nach Erde greift sagt man dem Herrn:
Ist schon verkauft. Sie sind zu spät gekommen
Das Bauland hier gehört einem Konzern

der Rest dem Staat der Stadt, gehört den Toten
als Nutznießer auf zwanzig Jahre Pacht
und Diebstahl gilt von allen zehn Geboten
Gott und der Welt als schlimmste Niedertracht

Es war die sechste Nacht als Er am Ende
des Weges endlich was Er suchte fand
Und wie vor langer Zeit hob Er zwei Hände
voll guter Erde auf aus Niemandsland

Scheinwerfer flammen auf vom Licht geblendet
geht Gott durch Minenfelder Schüsse knallen
Die Hände hoch! schreit wer – der Schöpfer wendet
sich ab und läßt die Erde fallen

Waldfrieden

Nehmen Sie Ihr Kind an die Hand
Ihren Hund an die Leine
wenn Sie den Wald betreten
Respektieren Sie die Naturschutzbestimmungen
Beachten Sie die zweisprachigen Warnschilder
zwischen Truppenübungsplatz und Munitionsdepot
Die Zufahrtstraßen dürfen nur
von Militärfahrzeugen befahren werden
Stören Sie den bedrohten Wildbestand nicht
durch Lärmbelästigung
Bleiben Sie zwischen Privatwegen und Jagdrevier
in dem für Spaziergänger reservierten Freigehege
Das Betreten militärischer Sperrgebiete
ist streng verboten
Vor Blindgängern in den Randzonen wird gewarnt
Das Rauchen ist wegen Waldbrandgefahr untersagt
Das Radfahren auf Fußwegen verboten
Das Begehen der Reitwege ist nicht gestattet
Das Verunreinigen der Gewässer
wird strafrechtlich verfolgt
Das Lagern und Zelten zwischen Entsorgungspark
und Wasserschutzgebiet wird streng bestraft
Bleiben Sie auf der Strecke
zwischen Schießstand und Tollwutbezirk
auf dem amtlich bezeichneten Wanderweg
Nehmen Sie Ihr Kind an die Hand
Ihren Hund an die Leine
Zerstören Sie nicht
den Erholungswert des deutschen Waldes

Baum-Museum

Im Bayrischen Wald
gibt es ein Baum-Museum
da stehn
vorsorglich unter Dach und Fach gebracht
die Fichten und Föhren
noch immer naturgetreu
und schon zukunftweisend
im Endlagerraum
geschützt
vor Sonne Wind und Regen
Auch Fuchs und Hase hinterm Gatter
sind in Sicherheit
vor dem Streichelbedürfnis
der Kinderhand
Und furchtlos
starren Dachs und Wiesel
den Leichenbeschauern
ins unerschrockene Gesicht
In der nächsten Abteilung sind
vom Aussterben bedrohte
Musterexemplare aufbewahrt
Ich habe vor der Schwelle kehrtgemacht
aus Angst
einen ausgestopften Menschen zu sehn

Kulturhüter der Kulturgüter

Da wird die Straße aufgerissen
und plötzlich ragt aus einem Spalt
ein Speer. Man prüft und glaubt zu wissen:
zirka zwölfhundert Jahre alt.

Daneben Schädel, Münzen, Knochen!
Sortiert, gereinigt, präpariert
werden sie zwischen den Epochen
als Glücksfall katalogisiert.

Doch durch die Presse, noch nach Jahren,
tobt Meinungs- und Gelehrtenstreit,
ob es noch Knochen von Barbaren
oder Gebein christlicher Zeit.

Und eines Tages, wolln wir wetten,
stößt einer auch auf unsre Spur.
Man wird aus Brand- und Trümmerstätten
auch unsre letzten Reste retten
als Zeugen christlicher Kultur.

Glück muß man haben

Wenn wir uns beeilen
Sonntag morgens
können wir
wenn wir in keiner
Autoschlange steckenbleiben
schon mittags im Walde sein
Wenn wir eine Parklücke
gefunden haben
können wir
wenn nicht schon alle Stühle
besetzt sind
im Café Waldfrieden
wenn der Herr Ober
einen Kollegen schicken kann
schnell noch eine Tasse Kaffee trinken
Wenn wir uns damit beeilen
können wir
wenn wir nicht
in den Rückstau geraten
schon am Abend wieder
zu Hause sein

Schreibender Arbeiter

Ich schreibe unbekannt an Unbekannt
und hoffe daß mein Schreiben dich erreicht
am Ersten Mai – beim nächsten Streik vielleicht
drückt einer dir ein Flugblatt in die Hand

noch farbfrisch aus der Werkstatt und in Eile
vom Kollektiv verfaßt gedruckt verteilt
oder ein Kampflied noch nicht ausgefeilt
kein Meiserwerk wir suchen manche Zeile

wie einen Schlüssel den du irgendwann
verloren hast der dir verschlossne Türen
und Tore öffnet die ins Freie führen
damit sie keiner mehr verschließen kann

damit dir keiner mehr dein Recht bestreitet
wird die Erfahrung aus der Arbeitswelt
und wem sie nützt zur Diskussion gestellt
Veränderung durch Schreiben vorbereitet

Wir greifen an was unantastbar schien
wir leisten Widerstand wir stellen Fragen
beschreiben Siege oder Niederlagen
als Soll und Haben um Bilanz zu ziehn

Ich schreibe meinen Namen möglichst klein
denn viele stehen vor und neben mir
die schreiben groß – wie ich – das Hauptwort »Wir«
die Welt verändern kann man nicht allein

Noch nicht am Ende

Es sprach von der Weisheit des Volkes
der arme BB – so reich an Erfahrung –
und gedrosselt auf Zimmerlautstärke
fragt eine andere Stimme:
In welchem Jahrhundert leben wir heute?
Ich möchte nicht sagen im letzten

Noch sind nicht am Ende
die guten Leute
mit dem kurzen Gedächtnis
und der langen Geduld
stark im Glauben an ihre Schwäche
die offen ist nach allen Seiten
wie eine Wunde die sich nicht schließt

Noch ist nicht alles
abgestumpft und scharfgemacht
Noch ist nicht abgeschrieben
dieses Leben mit zehn Prozent
Selbstbeteiligung
ohnmächtig weil bewußtlos
Da bin ich noch lang nicht am Ende
mit Wiederbelebungsversuchen
die Hoffnung zu retten
für den nächsten Tag

Existenzfrage

Wer Denkvermögen spart läßt es verfallen
es wächst nur wenn man es in Umlauf bringt
je mehr man davon ausgibt
umso schneller bildet sich ein Volksvermögen
das keinen Kursschwankungen unterliegt
es ist nicht nur wertbeständig
es gewinnt beständig an Mehrwert
den man investieren kann
in Durchsetzungsvermögen
Mit diesem Kapital können wir alle
eine neue Existenz gründen

Sonett

Wenn ich nach Hause komme reiße ich
Tage wie welke Blätter vom Kalender
Mein Spiegelbild hat wieder Trauerränder
unter den Augen und ich halte mich

nur mühsam aufrecht filtere Kaffee
nehme ein Fußbad schlucke zwei Tabletten
um ein paar Stunden für ein Buch zu retten
für ein paar Seiten bis ich schlafen geh

Von Frauenleichtarbeit so tief erschöpft
quält mich noch lange das nervöse Zittern
der Augenlider – die Gedanken splittern

als hätte die Maschine mich geköpft –
bis die Benommenheit allmählich weicht
Wie weit das alles in den Abend reicht

Ich kann es nicht ändern

Habe mit mir selbst zu tun
muß die Hände frei haben
mich durchschlagen
die Beine in die Hand nehmen
mit den Füßen auf dem Teppich bleiben
und mich nach der Decke strecken
muß den Kopf oben behalten
die Augen überall haben
die Ohren steif halten
den richtigen Riecher haben
muß mir den Mund stopfen
den Buckel hinhalten
das Herz auf dem rechten Fleck haben
die Ellenbogen gebrauchen
muß die Nerven behalten
Ruhe bewahren
das Maul halten
und mich durchbeißen
da kann man nichts ändern

Sonett

Der Mensch ist vom spezifischen Gewicht
der Weiblichkeit für jede Aufstiegsleiter
zu schwer und eingestuft als Außenseiter
im harten Wettbewerb um Kür und Pflicht

wird »gleiches Recht für alle« außer Kraft
gesetzt bleibt alles schon Erreichte ohne
Gewähr – Wir sind Reservebataillone
mal eingesetzt mal wieder abgeschafft

je nach Bedarf – Ich bin ein Ball im Spiel
der freien Kräfte ihre Regeln gelten
als Recht des Stärkeren – Das Bild der Fraun

das sie bis zur Unkenntlichkeit entstellten
wird neu geprägt aus eignem Wertgefühl
mit unerschütterlichem Selbstvertraun

Lebenslauf

Auf Füßen und auf Händen
von Fall zu Fall lernte ich gehn
und an den Gitterwänden
des Laufstalls aufrecht stehn

Beim ersten Schritt ins Freie
tanzte ich schon – noch unbeschwert
und arglos – aus der Reihe …
die Ordnung war gestört!

Da merkte ich, daß Enge
auch außerhalb der Gitter war
Behinderungen Zwänge
Verbote und Gefahr

Ich stieß mit meinen Ecken
mich wund an jedem Widerstand
in solcher Haut zu stecken
macht jeden Schritt riskant

Gebrochen und geschliffen
wurde ich doch kein Edelstein
nach Handelswertbegriffen
bin ich nicht lupenrein

Die Schleifspuren beschreiben
vom ersten bis zum letzten Jahr
wie schwer das Aufrechtbleiben
im Lauf des Lebens war

Auch nur ein Mensch

Als Du sagtest ich bin
auch nur ein Mensch
habe ich nicht gewagt
Dich zu fragen
was Dir Dein eigenes
oder das Leben anderer Menschen
noch wert sein kann
wenn es *nur* ein Menschenleben ist
Was weiß ich denn …
Ich stecke nicht in Deiner Haut
Nicht jedes Rückgrat
wird als Siegessäule aufgebaut

Im Bilde

Noch immer bitten die Fotografen
um ein passendes Gesicht
um eine entspannte Haltung
eine bestimmte Wendung des Kopfes
Auch die Blickrichtung
muß korrigiert werden
Nichts ist am richtigen Platz
bis ich zurechtgerückt
und bitte recht freundlich
im Bilde bin das in den Rahmen paßt

Wohin

Der Briefkasten
kann es nicht fassen all das
Schöner Wohnen
Besser Schlafen
Schneller Weiterkommen wohin
mit den Rechnungen
Mahnungen Brot für die Welt
Altkleidersammlung
und wieder ein neues Journal
für die modebewußte Frau
Wohin mit den täglichen
Postwurfgeschossen:
Treffpunkt zur Freizeitgestaltung
nach dem Schulabschluß und:
Die Bundeswehr
der sichere Arbeitsplatz
und wieder eine freundliche Einladung
zur hilfreichen Drogenberatung ...
So viele nützliche Angebote:
Die große Chance der Kleinkredite
Der Klassenlotterie und der
Partnerschaftsanbahnungs-Institute
Spiel ohne Grenzen
Genießen ohne Reue
Leben und Sterben leichtgemacht ...
Der Briefkasten
kann es nicht fassen

Diskussion

Es ist wie beim Zahnarzt
Wenn ich dran bin
und den Mund aufmachen muß
weiß ich nicht was mir lieber ist
Zange oder Bohrer
entwurzelt oder entnervt
Ein anerkannter Spezialist
der es wissen müßte
will wissen wo's weh tut
Rechts oder links?
Natürlich überall wo was faul ist
Links oben das ist eine alte
verschleppte Geschichte
Das wußte ich schon
Doch auf der anderen Seite
ist alles in Ordnung
Da könne was mich hier so nervt
nur ein Phantomschmerz sein
Das höre ich nicht zum erstenmal
Jetzt müßte die Diskussion beginnen
Doch die Zeit ist beschränkt
So wird zuguterletzt
für alle die ihn noch nicht kennen
der Unterschied zwischen Lachgas
und Tränengas erklärt
Aber ich bin gegen jede Art
von Betäubung
Angst habe ich immer
erst nach der Behandlung
denn gezogen wird jedesmal
der falsche Zahn

Zehn Gebote für die Hausfrau

Die Kochkunst	studieren
Das Schlafzimmer	sauberhalten
Die Liebe durch den Magen	gehen lassen
Die Tradition	pflegen
Die Familienatmosphäre	reinigen
Gesprächsstoffe	reparieren
Die Fassade	polieren
Die Kinder	in Sicherheit wiegen
Der Jugend	ihren Leerlauf lassen
Und alles Krumme	geradebiegen

Ein Gedicht

Ach sagt er
mit begeistertem Gesicht
Dein Soufflé
ist wieder ein Gedicht!
Süß und locker
wie zärtliche Fraun
und so leicht zu verdaun ...
Sein Leibgericht –
Über Geschmäcker
läßt sich nicht streiten
denn mir mundet
nichts besser als
ein Gedicht mit Pfeffer
und Salz

Was ich tragen kann

Was würdest Du mitnehmen
wenn man Dich auf eine
ferne Insel verbannt
fragtest du mich
und fügtest hinzu
es darf nicht mehr sein
als Du tragen kannst ...
Ich würde mitnehmen
sagte ich wovon ich mich
am schwersten trennen würde:
Mein Fünkchen Hoffnung und Dich
meine leichteste Bürde

Der Vorwurf

Was ich Dir vorwerfe
hebst Du nicht auf
hast Du noch nie
aus dem Weg geräumt
Würdevoll gehst Du
darüber hinweg
mit vielsagendem Schweigen
Obwohl Du nicht anstößt
höre ich Scherben klirren
Nun komm schon heraus
aus Deinem Splittergraben
Du bist pflegebedürftig
schwer verletzt
Ach ich werfe mir vor
Dir etwas vorgeworfen zu haben

Briefwechsel

Du fragst wie immer vor dem Fest
nach meinen Wünschen. Du kennst sie es sind
stets die gleichen: daß Dich der Mut nicht verläßt
bis das Ende der Eiszeit beginnt

Bis dahin möcht ich Dir Briefe schreiben
die vor Dir niemand gelesen hat
Ich wünschte Du kämest und könntest bleiben
solange Du willst, anstatt

nur Deine Stimme zu hören von fern
und leiser von Jahr zu Jahr
Wie lange noch? Ich hätte gern
was nirgends ist und niemals war

Kompromiß

Ich bin untröstlich ohne dich
sagte das Weinen zum Lachen
Aber statt mir wieder Mut zu machen
läßt du mich einfach im Stich

Da sprach das Lachen zum Weinen:
Du hast mich zu oft gekränkt
kaum wage ich noch zu erscheinen
schon hast du mich wieder verdrängt

Und das Weinen weil es das Lachen liebt
erwidert: ich weiß solang es mich gibt
kann dir kein befreiendes Lachen glücken
Ich werde lernen mich zu unterdrücken

Liebesgeschichten

Er hat alles
sie hat alles
wenn das alles ist
ist das zu wenig

Er hat nichts
sie hat nichts
wenn sie das miteinander teilen
wird das zuviel

Er hat sie
sie hat ihn
wenn sie genug davon haben
fehlt ihnen etwas

Er hat eine
sie hat einen
wenn sie das miteinander teilen
haben sie etwas Gemeinsames

Bindeglied

Sie leben
in Haushaltsgemeinschaft
mit Gütertrennung
Die Familienzusammenführung
findet zweimal täglich
zu den Mahlzeiten statt
das Fest der Liebe immer
am 24. Dezember
Käuflich ist
was sie sich schenken
Was sie sich nicht mehr
entgegenbringen
trägt keiner dem anderen nach
Sie macht ihm nichts weiß
Er schwärzt ihr nichts an
Sie haben ihre Jahresringe
aneinandergeschmiedet
mit Gottes Hilfe
Der Fingerring:
das einzige Bindeglied

Das Wort zum Sonntag

Entfalten kann der Mensch
sich nur in der Ehe
das weiß der heilige Vater
mit unfehlbarer Sicherheit
aber der Beichtvater
weiß es besser

Familie

Er hat
einen Vater
einen Großvater
einen Beichtvater
einen Gottvater
er hat
eine Mutter
eine Schwiegermutter
eine Muttergottes
eine Betschwester
einen Kegelbruder
eine Klatschbase
eine Vetternwirtschaft
einen Schwippschwager
eine Kaffeetante
einen Erbonkel
er hat
eine große Familie
er hat
keinen einzigen Verwandten

Für meine Mutter

Wenn einer geht ist nichts mehr wie vorher
Es kann das eigene Vom-Leben-Scheiden
nicht schwerer sein als dieses Miterleiden
des Todes nicht so hart – Ein Riß geht quer

durch jeglichen Bestand – Nimm Abschied geh
aus deinem Kindsein – zwischen stirb und werde
gib ihr bevor du gehst die Hand voll Erde
Laß sie allein es tut ihr nicht mehr weh

Und wenn du wiederkommst durch Schnee durch Regen
und Sonne klopft dein Herz nicht mehr so laut
der Weg zu ihr wird dir schon sehr vertraut

denn deine Jahre gehn ihr schon entgegen
Sieh: in des blanken Marmors schwarzem Rahmen
spiegelt sich dein Gesicht auf ihrem Namen

Für meinen Vater

In manchen Nächten: Schritte auf dem Sand
des Gartenweges – wie in Kindertagen
kommt Vater um mir gute Nacht zu sagen
Er löscht das Licht und schon zur Tür gewandt

fragt er wie immer sanft und kummervoll
ob ich nicht wieder unter meiner Decke
ein Buch oder was Ähnliches verstecke
meint daß ich schlafen und nicht lesen soll

Die Nacht ist kurz und lang sind Werthers Leiden
doch morgen früh bevor ich aufgewacht
wird Vater mir die schönste Rose schneiden

und meinen längst vergeßnen Namen rufen
den zärtlichen den er für mich erdacht
ach – Pegasus scharrt träumend mit den Hufen

Mein Vater

Auf beiden Schultern tragen
das war nicht seine Art
er gab sich nicht geschlagen
und nichts blieb ihm erspart

zuviel ward ihm genommen
was rechtens ihm gehört
er ist zu nichts gekommen
gelebt – das hieß entbehrt

mir gab er in Verwahrung
was Arbeit eingebracht
ein Konto voll Erfahrung
das mich zum Erben macht

die Summe allen Leides
ist was die Münze prägt
Kopf oder Zahl – nein beides
das jetzt zu Buche schlägt

Der Tag danach
23.11.1983

Solang ich noch schreibe
halt ich mir das
Ersticken vom Hals
die Lähmung vom Leibe
den schwelenden Haß
den Sog des Schweigens
den tödlichen Bann
der Verzweiflung
solang ich noch schreiben kann

Ohne Dich

Weiterleben ohne Dich
mein Sterben vorweggenommen
Du wirst nicht mehr wiederkommen
nichts tröstet mich

Das Glück ein letzter Schimmer
von fern
und ich umkreise noch immer
meinen längst erloschenen Stern

Aus Fernen, aus Reichen

Was dann nach jener Stunde
sein wird, wenn dies geschah,
weiß niemand, keine Kunde
kam je von da,
von den erstickten Schlünden
von dem gebrochnen Licht,
wird es sich neu entzünden,
ich meine nicht.

Doch sehe ich ein Zeichen:
über das Schattenland
aus Fernen, aus Reichen
eine große, schöne Hand,
die wird mich nicht berühren,
das läßt der Raum nicht zu:
doch werde ich sie spüren,
und das bist du.

Und du wirst niedergleiten
am Strand, am Meer,
aus Fernen, aus Weiten:
– »erlöst auch er«;
ich kannte deine Blicke
und in des tiefsten Schoß
sammelst du unsere Glücke,
den Traum, das Los
…

Wenn Sie mich fragen

Wenn man mich fragte, was sich unsereiner
am meisten wünscht, ich brauchte nicht viel Zeit
um nachzudenken, doch mich fragt ja keiner;
denn wer mich sieht, der weiß ja sowieso Bescheid:

Ich bin zu klein, ich bin zu kurz gekommen,
mein Wachstum wird erheblich eingeschränkt.
Ich werd noch immer auf den Arm genommen
und wie ein Riesenspielzeug werd ich ferngelenkt.

Ich wurde großgezogen, heißt es immer,
ich wurde kleingehalten schon als Kind!
Der Unterschied wird aber täglich schlimmer
seit mir die Großen übern Kopf gewachsen sind.

Es heißt, die hätten auch mal angefangen
so klein wie ich, da wird man Optimist!
Seit ich nach oben sehe ist mir aufgegangen,
daß mancher Riese nur ein Zwerg auf Stelzen ist.

Ob die aus Gold sind, ob aus Kunststoff oder stählern,
die wackeln alle, wenn sich unten was bewegt;
denn schließlich lernt ja jeder mal aus seinen Fehlern,
die ihn so oft und so knallhart aufs Kreuz gelegt.

Wenn Sie mich fragen, was sich unsereiner
am meisten wünscht, sage ich: Gleichgewicht,
die Kleinen größer und die Allzugroßen kleiner,
doch nur mit Wünschen schafft mans eben nicht!
Nein, nur mit guten Wünschen schafft mans eben nicht.

Hier, Stresemannstraße 48
Epigramme und Aphorismen

Der Wechsel ist fällig
Die Einsicht ist gestundet
der Frieden vertagt
die Mitschuld verjährt
die Karenzzeit verewigt
das Unvermögen hat sich verzinst
der Wechsel ist fällig

Man verkauft uns schöne Träume
nur damit wir nicht erwachen
denn mit aufgeweckten Leuten
wäre manches nicht zu machen

Wir sind argwöhnisch
weil wir Arges gewöhnt sind

Was gibt mir der Staat?
Er gibt mir zu denken

Es gehen mehr Fragen verloren
als Antworten gefunden werden

Der sogenannte starke Mann
ist immerhin darauf angewiesen
daß er gestützt wird
von der Bewußtseinsschwäche
seiner Wähler

Auf Fußballplätzen da beweist
der deutsche Mensch der brave Mann
wenn es ihn von den Bänken reißt
wie er sich engagieren kann
sein ist der Sieg und auch die Niederlage
und beides eine nationale Frage

Wenn man sagt
es habe einer seinen eigenen Kopf
dann ist es klar, daß der gehörig
ihm gewaschen werden muß

Der Nachweis wird der Industrie gelingen
auch die Natur ist umzubringen

Gesucht werden
fähige Führungskräfte
zu allem fähig

Die praktischen Ärzte wissen
daß alle am selben Grundübel leiden
als erstes sagen sie ihren Patienten:
Machen sie sich frei

Der kleine Mann wird gern benutzt
den Karren aus dem Dreck zu ziehn
dann findet man ihn stark verschmutzt
und man fährt weiter ohne ihn

Auch Multimillionäre
sind betroffen von den Folgen
der Umweltbelastungen
Die Aktionäre der Pharma-Industrie
zum Beispiel leben fast ausschließlich
von Tabletten

Wie verhalte ich mich
nach dem Fliegeralarm im Ernstfall?
Ich verhalte mich wie ein Fetzen Papier
in der Müllverbrennungsanlage

Für eine lebenswerte Zukunft
brauchen wir mehr Energie
die Energie eines jeden Demokraten

Der Frieden hat keine Staatsangehörigkeit
er kann jederzeit ausgewiesen werden

Nachruf
Hier ruht die deutsche Vergangenheit
vergessen und begraben ...
sie lebt noch! ich muß jederzeit
Angst vor der Auferstehung haben

Angeklagt wegen zahlreicher Morde
verübt an jüdischen Frauen und Kindern
konnten die Täter sich
an nichts erinnern
das Urteil lautete: lebenslänglich ...
pensionsberechtigt

Unmensch und Übermensch
werden erfunden
um Menschlichkeit zu definieren

Angst wird von den Machthabern
immer dann verbreitet
wenn sie die Einschränkung
ihrer Übermacht befürchten

Appelle zur Friedensbereitschaft
finden ein weltweites Echo
ein Echo ist keine Antwort

Nur keine Experimente
weil eins davon
gelingen könnte

Der Wähler
muß das Kreuz das er macht
auf sich nehmen

Es heißt die Geschichte wiederholt sich nicht
aber die Fortsetzungs-Geschichten
kommen uns sehr bekannt vor

Alle Militärfahrzeuge
haben Frontantrieb

Unglaublich! sagte Hinz zu Kunz
was die da oben alles machen
mit uns aus uns und ohne uns
Das sind sagt Kunz zwar üble Sachen
aber unglaublich ist doch nur
das Funktionieren der Dressur

Der dir die Flötentöne beibringen will
weil er die erste Geige spielen möchte
damit er dir den Marsch blasen kann
auf den kannst du pfeifen

Vor dem Herrn sind wir alle gleich
sagt der Reitesel zum Packesel
Der Maulesel räuspert sich:
aber ich bin der Größte!

Man sagt die Küken schlüpfen aus
als wenn entschlüpfen möglich sei
das Küken schlägt sich durch – dabei
zerbröckelt das verkalkte Haus
so wird es frei

Wachstum
In diesem unserm Lande
ist Armut keine Schande
Reichtum auch nicht … nein
eins kann ohne das andere nicht sein
und beides hat in diesem unserm Staate
seine permanente Zuwachsrate

Das einzige was ich mir leiste
sagte der Bankier
ist mein bescheidenes Hobby:
sitzen und fischen und schwimmen ...
er sitzt an der Quelle
fischt im Trüben
und schwimmt im Überfluß

Mehr will wer schon alles hat
immer satt macht nimmersatt

Die Industrie muß damit rechnen
daß nun auch die Natur
ihr Streikrecht in Anspruch nimmt

Als ich meine Vorteile suchte
stellte ich fest
daß man sie schon gefunden hatte
als ich meine Interessen verfolgte
merkte ich
daß sie bereits verfolgt wurden

Gesucht werden immer die Täter
darum findet man nie die Schuldigen

Wenn Vaterlandsliebe blind macht
braucht man einen Führer

Der Revolutionär
setzt seinen Kopf aufs Spiel
um andere Köpfe zu gewinnen

Was gültig ist
muß nicht endgültig sein

Der neue Geist
Was vor allem in unbeschränkter Freiheit
wieder zu ihrem Recht kommen muß
ist die sorgfältige Überprüfung
der Bibliotheken und Buchhandlungen
so werden Schriftsteller und Journalisten
endlich die ihnen gebührende
Aufmerksamkeit finden

Wenn Journalisten und Schriftsteller
auf Mißstände hinweisen
dann fühlen sich die zuständigen
Politiker selten verantwortlich
Sie fühlen sich verunglimpft ...
Ich weiß auch nicht wie man sie
verglimpfen könnte

Mehr Demokratie wagen
ist – wörtlich genommen – ein Wagnis
das der Lyriker auf sich nimmt
wenn er gegen die Feinde der Demokratie
im Durchschnitt dreißig bis vierzig
Anschläge verübt pro Zeile

Opposition?
Bei manchen Volksvertretern
weiß man nicht ob sie noch
Sympathisanten ihrer Partei sind
oder nur Pflichtverteidiger
ihrer Politik oder schon Fluchthelfer
ihrer verunsicherten Wählerschaft

Wer noch Sicherheit verspricht
weiß wie wir: die gibt es nicht
wirklich sicher ist doch nur
die Krise nach der Konjunktur

Einer der sich dem Wähler
als starker Mann präsentiert
denunziert damit alle Mitglieder
des Parlaments als Schwächlinge
also auch die Abgeordneten
seiner eigenen Partei
daß die ihm aber dafür
auch noch applaudieren
das ist schon erstaunlich

Wenn ein Maler ein Motiv gefunden hat
macht er ein Bild
wenn ein Richter sich ein Bild gemacht hat
findet er ein Motiv

Wenn ein Polizist
von seiner Schußwaffe Gebrauch macht
hat er vielleicht deinen Kopf
erheblich beschädigt ... aber
deine demokratischen Rechte
nicht verletzt

Wo sich Drei versammeln
in meinem Namen sagte Christus
da bin ich mitten unter euch
sagt der Verfassungsschützer

Land und Leute kennenlernen
kann man am besten
als Demonstrant

Lesen bildet
Bild lesen bildet Vorurteile
Bayern Kurier lesen bildet
Dauernebel
National Zeitung lesen bildet
Gänsehaut

Es gibt zirka 2000 Berufe ...
für Mädchen nicht ganz soviele
also was willst du werden:
Friseuse oder Verkäuferin?

Von Zeit zu Zeit
ertönt im Parlament der Ruf
nach mehr Gerechtigkeit
aber Gerechtigkeit
würde uns ja schon genügen

Meinungsumfrage
Wie sehen Sie die Gleichberechtigung
der Frau im Beruf in der Gesellschaft
und in der Familie?
Frau A: Ohne Fernglas überhaupt nicht
Frau B: Im Grundgesetz fest verankert
Frau C: Die Gleichberechtigung?
die kann mir gestohlen bleiben ...
das ist doch auch wieder so eine
sozialistische Erfindung

Auch meiner Obsthändlerin
wurde die denkwürdige Frage gestellt:
»Freiheit oder Sozialismus?«
Seitdem fragt sie mich
bei jedem Einkauf: was darfs denn sein?
Apfelsinen oder Orangen?

Wenn Frauen Bestätigung suchen
dann finden sie meistens
die Bestätigung dessen
was sie befürchtet haben

Während Frauen
die Ursache des Geburtenrückgangs
mit der ungesicherten Zukunft begründen
sehen Politiker die ungesicherte Zukunft
als Folge des Geburtenrückgangs
Die Kompetenz für gesellschaftspolitische
Entscheidungen haben die Herren in der Hand
den Frauen fällt sie in den Schoß

Daß Frauen schreiben
kann man noch verzeihn
es müssen nicht unbedingt
Kochbücher sein ...
doch kritisch schreiben
noch dazu parteilich
also aufmüpfig! ...
das ist unverzeihlich

Ein Vorteil unserer Demokratie
ist die Möglichkeit
der politischen Willensbildung
für jedermann ... auch Frauen
können ihre Wünsche äußern
sie dürfen nur nicht
in Forderungen ausarten

Es gibt in unserer chancenreichen
Gesellschaft keine Frau
die ihren Wunsch nach Entfaltung
nicht verwirklichen könnte
Ihre vielfältigen Probleme löst:
die kosmetische Chirurgie

Im hohen Haus
gehen mehr Frauenfragen verloren
als Antworten gefunden werden und
was unter den Tisch fällt
das wird weggefegt

Solange es noch Träumer gibt
wird es auch Realisten geben
die von den Träumen andrer leben
darum sind Träumer so beliebt

Eine Partei ist christlich
wenn sie sich so verhält
und wenn sie unsozial erscheint
dann hat sie es nicht so gemeint
sie hat sich nur verstellt

Es gibt nur ein Recht
worauf die herrschende Minderheit
freiwillig verzichtet
das ist das Urheberrecht
am Hunger in der Welt
dafür sind sämtliche
Nutzungsrechte gesichert

Die Ängste
und der Hunger in der Welt
dauern so lange
wie unsere Geduld mit denen
die sie verursachen

Ich werde häufig gefragt
in welcher Gesellschaft
ich denn gerne leben
und arbeiten möchte …
am liebsten in einer
Lebensrettungs-Gesellschaft

Nachwort

Ja, erstaunlich! Wer die Gedichte und Epigramme von Liselotte Rauner liest, den überrascht die Erkenntnis, wie aktuell sie immer noch sind, nach rund 50 Jahren.

Die hier vorliegende Textauswahl betont das politische Element in der Arbeit der Bochumer Autorin. Es geht um ihr persönliches Empfinden, um ihre Bewertung, um elementare Gefühle, die sie zu Papier brachte. Selbstverständlich spielt dabei auch ihr sicheres Sprachgefühl eine Rolle.

In dem 1980 erschienenen Band »Zeit-Gedichte« stößt man auf der Werbeseite des Münchener Kürbiskern Damnitz-Verlages auf ein Postulat, an das man sich beim Verlegen von Gedichten selbst halten wollte:

»Gedichte aus Gegenwart und Vergangenheit, die zu wichtig sind, als dass sie dem Zeitvertreib entrückter Schöngeister überlassen werden dürfen.
Gedichte, die viele Leser verdienen.
Gedichte, die von vielen Lesern verstanden werden.
Gedichte also, die aufklären, informieren, weiterhelfen, wachrütteln, Spaß machen.
Gedichte, die schöne sind.«

Was hier programmatisch gemeint ist, trifft in besonderer Weise auf Liselotte Rauners Gedichte zu. Sie versteht es, Anklage und Protest mit Lachen, mit Spott und Witz zu verbinden, mit ihrem unsentimentalen Humor. Zugleich verbreitet sie eine Zuversicht auf die Veränderbarkeit menschlicher Verhältnisse. Nur an manchen Tagen beschleicht sie Resignation. Sie schließt aber jede Form von Selbstmitleid aus.

Zu Beginn ihrer literarischen Karriere, da war sie bereits 50 Jahre alt, wagte sie zusammen mit anderen »Nachwuchsautoren« den Schritt in die nicht immer geneigte Öffentlichkeit. Mutige Auftritte waren angesagt. Es gab Aktionen in Fußgängerzonen, Bahnhofshallen, Fabriken, Kaufhäusern und auf Märkten. Für Liselotte Rauner hatte das eine gewisse Logik, denn: »Die Themen liegen für mich auf der Straße!«

Sie war nah dran an den Menschen. Aus deren Sicht schrieb sie zornige Verse. Aus der stellvertretenden und eigenen Perspektive trat sie gegen Dummheit, Habgier und Unterdrückung an. So versuchte sie, wie sie erklärte, den »Wahnsinn des Alltags« zu bewältigen. Mit ihren im harten Ringen um jedes Wort entstandenen Arbeiten.

Zweifellos war Lilo eine vom politischen und wirtschaftlichen Geschehen motivierte Autorin, die vieles mit Schmerzen wahrgenommen hat. Sie machte sich Sorgen um die Zukunft, nicht um ihre eigene, sondern um die der Menschen, die so gut wie keinen Einfluss auf die Entwicklung haben. Es liegt, rückblickend, auf der Hand, dass sie, mitten im Ruhrgebiet zuhause, den Umweltschutz thematisierte, und zwar zu einer Zeit, als diese Problematik noch nicht in vielen Köpfen angekommen war. Angestoßen wird das zum Beispiel in dem Gedicht »Der grüne Plan«.

Wer ältere Fassungen von Texten mit den hier abgedruckten Gedichten vergleicht, wird feststellen, dass Liselotte Rauner an einigen weitergearbeitet, sie hin und wieder verbessert hat. Mehr Eleganz, mehr Flüssigkeit, erleichtertes Sprechen. Beispielsweise bei »Der lange Marsch« (1969) und »Angst vor der Angst« (1973). Beide Gedichte erschienen 1980 in veränderter Fassung.

Mit einigen Gedichten hat sie ihre Freunde bedacht, hat sich bei ihnen bedankt. So bei Hugo Ernst Käufer mit »Morgenlieder« wie auch bei Anneliese Althoff und Annemarie Stern. Käufer war ihr größter Förderer, der ihr von Beginn an bis zu ihrem Tod Hilfe angedeihen ließ, der mit ihr jeden Text besprach und sie in Verlagsfragen beriet. Ihre Freundinnen Anneliese und Annemarie waren die Verlegerinnen des Asso-Verlages in Oberhausen, damals in der Literaturszene ein hoch angesehenes Unternehmen.

Rauners Texte waren international gefragt. Es gab Veröffentlichungen von Lyrik und Prosa in Österreich, Frankreich, Schweden, Norwegen, Finnland, Holland und in der UdSSR. Ihre Songtexte gehörten viele Jahre hindurch zum Repertoire von Liedermachern, Protestsängern und Chansonniers, denn ihre Texte sind eingängig – sie sprechen Herz und Verstand an, sie lassen auf Änderung der Verhältnisse hoffen.

Der Tod ihres Mannes Walter 1992 warf Liselotte Rauner aus der Bahn, er bedeutete auch das Ende ihrer enorm produktiven Lebensphase, denn nichts war mehr so wie vorher. Ihr »Stern«, der immer für sie da war, war erloschen. Es wurde besorgniserregend still um sie.

Es ist gut zu wissen, dass die Erinnerung an die Autorin wachgehalten wird. Zehn Jahre nach ihrem Tod wurde die größte Hauptschule in Bochum nach Lilo benannt. 2020 wäre sie, die immer in Wattenscheid gewohnt hat, 100 Jahre alt geworden. Deshalb fand in der Schule in ihrem Stadtteil eine große fröhliche Feier statt, bei der Schülerinnen und Schüler sich auf ihre Weise mit den Texten der Namensgeberin befassten. Diese Wertschätzung hat Liselotte Rauner verdient.

Volker W. Degener

Die Autorin

Liselotte Rauner, meistens in der Kurzform als »Lilo« angesprochen, wurde am 21. Februar 1920 in Bernburg an der Saale geboren. Nachdem sie eine kaufmännische Lehre in einer Handelsschule absolviert hatte, entschloss sie sich zum Gesangs- und Schauspielunterricht, dem ein Engagement am Stadt- und Landestheater Bernburg folgte.

Ihre Jugendzeit war belastet von den Gewalttaten der Nationalsozialisten. Die unmittelbar erlebte Brutalität bestimmte ihr Denken und Handeln und schlug sich auf vielfältige Weise in ihren Werken nieder. Ihre antifaschistisch geprägten Eltern trugen wesentlich zu dieser Grundhaltung bei.

Seit 1948 lebte Liselotte Rauner mit ihrem Mann Walter in Wattenscheid, einem späteren Stadtteil von Bochum, in der Stresemannstraße 48. Dort starb sie am 2. Juli 2005. Eine Gedenktafel an dem Haus hält die Erinnerung an sie wach.

Seit 1969 arbeitete Lilo als freie Schriftstellerin. Dank ihrer Mitarbeit in der Literarischen Werkstatt Gelsenkirchen, damals eine der Talentschmieden des Ruhrgebiets, konnte sie sich mit ihren ersten Buchpublikationen einem größeren Publikum präsentieren. Bis in die 1980er Jahre begleitete sie mit ihrer Literatur die Zeit des politischen Umbruchs und auch des Niedergangs von Kohle und Stahl im Ruhrgebiet, immer auf der Seite der Schwachen und Sprachlosen. Ihre Texte wurden oft als treffsicher, demaskierend und boshaft, aber immer als ehrlich empfunden.

1998 entschied sich die Schriftstellerin auf Anraten ihrer Freunde zur Gründung der »Liselotte und Walter Rauner-Stiftung«, der einzigen von einer Privatperson initiierten literarischen Einrichtung in Nordrhein-Westfalen, die insbesondere die Lyrik der Gegenwart fördert.

Sie war Mitglied im Verband deutscher Schriftstellerinnen und Schriftsteller (VS), in der Europäischen Autorenvereinigung »Die Kogge« und im PEN-Club Deutschland. Als eine der wenigen Frauen war sie 1970 eine Mitbegründerin des »Werkkreis Literatur der Arbeitswelt«. Liselotte Rauner wird als die bekannteste Lyrikerin im Ruhrgebiet bezeichnet – die auch Kurzprosa, Epigramme und Chansons schrieb. 1986 erhielt sie den Literaturpreis Ruhr, 1993 die Ehrenplakette der Stadt Bochum.

Der Herausgeber

Volker W. Degener, geboren in Berlin, aufgewachsen im Ruhrgebiet und in Düsseldorf, lebt seit vielen Jahren als Schriftsteller in Herne. Über 30 Bücher – vor allem Kinder- und Jugendbücher – stammen aus seiner Feder. Einige Werke wurden in andere Sprachen übersetzt.

Er gehört dem Vorstand des Verbandes deutscher Schriftstellerinnen und Schriftsteller (VS) in NRW an und war 20 Jahre lang der Vorsitzende des Verbandes. Er ist Mitglied in der internationalen Autorenvereinigung »Die Kogge« und im »Syndikat«, dem Verein deutschsprachiger Kriminalliteratur.

Degener ist Vorsitzender der »Liselotte und Walter Rauner-Stiftung« zur Förderung der Lyrik in Nordrhein-Westfalen.

WAZ BIBLIOTHEK DES RUHRGEBIETS

10 Klassiker der Ruhrgebietsliteratur

Wilhelm Herbert Koch
Kumpel Anton
176 Seiten, 9,95 €

Max von der Grün
Irrlicht und Feuer
300 Seiten, 12,95 €

Michael Klaus
Nordkurve
100 Seiten, 7,95 €

Hans Dieter Baroth
Streuselkuchen in Ickern
360 Seiten, 12,95 €

Ralf Rothmann
Milch und Kohle
180 Seiten, 10,95 €

www.klartext-verlag.de

WAZ BIBLIOTHEK DES RUHRGEBIETS

10 Klassiker der Ruhrgebietsliteratur

Liselotte Rauner
Ein Stück Himmel
112 Seiten, 7,95 €

Josef Reding
Nennt mich nicht Nigger
284 Seiten, 9,95 €

Inge Meyer-Dietrich
Plascha
224 Seiten, 9,95 €

Hatice Akyün
Einmal Hans mit scharfer Soße
192 Seiten, 9,95 €

Frank Goosen
Radio Heimat
184 Seiten, 9,95 €

www.klartext-verlag.de